Petra Fietzek/Peter Wild *Aus Heimweh nach mir*

Petra Fietzek/
Peter Wild

Aus Heimweh nach mir

Suchbewegungen

Petra Fietzek

27.5.2008

MATTHIAS-GRÜNEWALD-VERLAG

Die Gedichte schrieb Petra Fietzek,
die Einführungen und die in die Kapitel
einleitenden Texte Peter Wild.

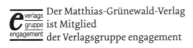

Der Matthias-Grünewald-Verlag
ist Mitglied
der Verlagsgruppe engagement

Umschlaggestaltung: Finken & Bumiller, Stuttgart
Gesamtherstellung: Matthias-Grünewald-Verlag, Ostfildern
ISBN 978-3-7867-2703-3

Inhalt

Einleitung

Sich vermissen

Unvergesslich sind für mich die Gesichter jener Männer und Frauen, denen aufgeht, dass sie sich in ihrer Berufsarbeit verloren haben. Ich kenne solche Gesichter aus den Seminaren. Das Gesicht ist geprägt vom Staunen, was im Beruf alles gelingen durfte und welche Erfolge es gebracht hat. Gleichzeitig huscht der Schrecken wie ein Schatten über das Gesicht: Wo ist die persönliche, einmalige Entfaltung geblieben? In den Augen stehen die Fragen: Ist die ganze Lebensenergie für den beruflichen Erfolg verbraucht worden? Bleibt jetzt noch Kraft zur Ausgestaltung des eigenen Lebensweges?

Es muss nicht unbedingt der Beruf sein. Auch andere Lebensbereiche, Aufgaben und Prägungen können einen Menschen dermaßen in Beschlag nehmen, dass das Erwachen schmerzhaft wird, ja dass nur eine Krise zum Erwachen führt. Was gerne der Pubertät zugeschrieben wird – dass sie eine Zeit der Neuorientierung darstellt, dass der junge Mensch sich abzunabeln und seine eigene Welt zu suchen hat –, wiederholt sich für die meisten Menschen im Laufe des Lebens noch mehrfach, mehr oder weniger schmerzhaft, mehr oder weniger pubertär ...

Wir Menschen brauchen jene Geborgenheit, die entsteht, wenn wir uns fraglos identifizieren: mit anderen Menschen, mit einem vorgegebenen Milieu, mit einer Aufgabe, die uns anvertraut wird, mit bestimmten Konzepten und Idealen. Wenn wir uns aber dieser Geborgenheit nicht von Zeit zu Zeit bewusst entziehen, oder anders: Wenn es dem Leben und seinen Überraschungen nicht gelingt, uns zu verunsichern und uns aus der doch nur vorläufigen Geborgenheit zu vertreiben, dann wird sie zum Gefängnis und wir zu einer beliebigen Nummer in ihm.

Die Geborgenheit kann zur spirituellen Erfahrung werden – aber auch die Verunsicherung, das Heimweh. Dass die vorher so selbstverständliche Sicherheit einbricht, ist oft der Beginn einer ausgedehnten Suche und einer jahrelangen Ankunft.

Teresa von Avila (1515–1582), Mystikerin, spirituelle Lehrerin, Reformatorin des Karmeliterordens, kann als Beispiel angeführt werden: sowohl für das Heimweh als auch für die Kunst, das Heimweh jahrelang auszutricksen. Im Alter von zwanzig Jahren trat sie in Avila ins Karmelitinnenkloster ein. Die Gründe für diesen Schritt waren, sogar im Rahmen der damaligen Frömmigkeit, von unterschiedlicher Qualität. Schon bald nach ihrem Eintritt setzte ein intensives Gebetsleben ein, für Teresa verbunden mit der Erfahrung der göttlichen Präsenz. Doch es dauerte neunzehn Jahre, bis es Teresa möglich wurde, sich ganz auf diese Gegenwart Gottes in ihrem Herzen einzulassen. Verschiedene Faktoren hatten sie daran gehindert: Zum Teil waren es Rücksichten nach außen, sei es andern Schwestern im Kloster, sei es bekannten Persönlichkeiten der Stadt gegenüber, die das Kloster unterstützten. Zum Teil waren es auch Ängste vor der kirchlichen Kontrolle der Inquisition, die auf spirituell Verdächtige Jagd machte. Eine wichtige Rolle spielte aber auch eine falsche Demut, die es sich nicht eingestehen wollte, dass Gott die Mitte ihres einfachen Lebens bilden sollte. Neunzehn Jahre eines durchschnittlichen, aber auch guten Klosterlebens – bis das Heimweh durchbrach.

Das »Heimweh nach mir« kann entstehen, wenn in unserem Bewusstsein eine neue Instanz lebendig wird, eine Instanz, die beobachtet, die dem bisher bestimmenden Ich auf die Finger schaut, diesem Ich mit neuen oder alten Wünschen die alleinige Kompetenz abspricht. Dadurch gewinnt das Heimweh eine verändernde Kraft.

Die Suchbewegung kann Jahre dauern und schmerzhaft sein. Es ist, als ob die Auflösung der bisher dominierenden Ich-Instanz auch die wichtigsten Orientierungspunkte aufgelöst hätte. Was gilt denn noch, wenn das Bisherige seine Geltung verloren hat? Die Suchbewegung kann aber auch befreiend wirken. Endlich sind wir die vielen aufgezwungenen Maßstäbe los, nach denen wir uns ständig richteten. Das neue Ich ist vielfältig, es verspricht Abwechslung.

In den spirituellen Schulungstraditionen werden Trainingsmethoden überliefert, die mithelfen sollen, die Dominanz des bisherigen Ichs zu unterwandern und die Bildung der neuen Instanz sorgfältig zu pflegen. Der »Gehorsam« ist in diesem Sinn gedacht. Er lenkt von ungebührlichen Wünschen ab, kanalisiert die Kräfte und bindet sie in Verpflichtungen ein, die über den Einzelnen hinausgehen.

Dass der Gehorsam mehr wird als die Loyalität einer Firma gegenüber oder gar die Unterwerfung unter die Firmenziele, setzt voraus, dass er mit Fingerspitzengefühl gefordert wird. Wer zum Gehorsam anleitet, sollte die innere Suchbewegung eines Menschen wahrnehmen und mit seinen Impulsen achtsam fördern. Wer sich selbst zum Gehorsam verpflichtet, sollte die eigene Suchbewegung im Auge behalten und von Zeit zu Zeit mit jemand Befähigtem die Spannung zwischen dem Gehorsamsprogramm und der eigenen Entwicklung auf ihre Lebendigkeit hin überprüfen.

Auch die regelmäßige Meditation ist eine solche Trainingsmethode. In der Meditation verweilen wir in der Stille. Wir bleiben den gehaltvollen und feinsinnigen Inszenierungen des Verstandes und der Gefühle gegenüber gelassen. Wir entdecken die Vielfältigkeit und Widersprüchlichkeit dessen, was wir einst als unseren Personkern angeschaut haben. Wir nehmen wahr, dass in der Stille etwas anderes zum Tragen kommt, wir haben noch keine Worte dafür, aber ein Gespür. Es ist verlässlich, auch wenn es sich nicht gleich wieder zu einem »Ich« zusammenfügt. Dank dieser Verlässlichkeit ermöglicht es uns Offenheit; die bisher geübten Abgrenzungen verlieren ihre Dringlichkeit. Was da einmal als Ich-Anker zentral war, können wir verabschieden.

Die meisten Menschen brauchen gar nicht nach solchen Trainingsmethoden Ausschau zu halten. Das Leben selbst trainiert sie durch eine Vielfalt von Enttäuschungen: Anerzogene Verhaltensweisen sind nicht mehr gefragt, Einsatz im Beruf wird missbraucht, Berührungen werden zu Verletzungen, Freundschaften und Partnerschaften zerbrechen. Wer auf solche Art »trainiert« wird, versucht oft, von seinem alten Ich noch möglichst viel zusammenzuhalten und auf diese Art Zeit zu gewinnen, damit sich in den unfreiwillig gewonnenen Freiräumen das neue Ich nicht zu schnell bildet.

Thomas Merton (1915–1968), Trappist, Eremit, Schriftsteller, wusste schon als junger Mann um seine schriftstellerische Berufung. Als sich für ihn immer deutlicher abzeichnete, dass er sein Leben ganz Gott zur Verfügung stellen wollte, und zwar in der Form eines strengen Mönchslebens, war er bereit, auch auf das Schreiben zu verzichten. Dieses Künstler-Ich, dessen Eigenwilligkeit und Egoismen ihm gut bewusst waren, sollte verschwinden. 1941, als er sechsundzwanzig Jahre alt war, trat er in das Trappistenkloster von Gethsemani im amerikanischen Bundesstaat Kentucky ein. Der Orden der Trappisten war bekannt dafür, dass die Mönche die ganze Zeit gemeinsam verbrachten, der Tagesablauf – die Zeiten für die Gottesdienste und das Gebet, das Studium und die Arbeit – bis aufs Letzte geregelt war und individuelle Vorlieben keinen Platz hatten. Thomas Merton fügte sich ein, erhielt aber schon nach wenigen Jahren nicht nur die Erlaubnis, sondern sogar den Auftrag, wieder zu schreiben. Seine Bücher dokumentieren seine Suchbewegung: Zum einen liegen fromme Auftragsarbeiten vor, zum anderen Bücher, die in authentischer Weise festhalten, wie schwierig es für den Künstler und den Mönch war, aufeinander zuzugehen. Es sind Werke der Ortlosigkeit.

Das »Heimweh nach mir« hat immer auch die Züge einer Suche; im Nachhinein gesehen oft nicht auszumachen, ob es ein aktives Suchen oder ein Gesucht-werden war. Dieses Heimweh ist voller Unruhe. Der Ausgangspunkt ist nicht mehr brauchbar, das Ziel noch nicht greifbar. Gelegentlich besitzt das »Heimweh nach mir« auch die Züge einer Liebesgeschichte.

Sich verlieren

Mystiker und Mystikerinnen haben oft das schmalste biblische Buch als ihr Lieblingsbuch bezeichnet: das Hohelied, eine Sammlung von Liebes- und Hochzeitsliedern. Diese Sammlung ist vermutlich im sechsten bis dritten Jahrhundert vor Christus angelegt worden. Dass diese Lieder nicht nur im Kreis von literarisch Gebildeten bekannt blieben, sondern zu einem biblischen Buch wurden, verdanken sie der Tatsache, dass sie schon früh religiös gedeutet wurden. Das Auf und Ab der Stimmungen, die zärtliche Zuwendung und das gegenseitige bewundernde Lob, das Leiden am Alleinsein und die Freude an der Nähe der geliebten Person, all diese Liebesbewegungen wurden in einem übertragenen Sinn gelesen. Bildhaft, allegorisch drückten die Lieder aus, wie sehr Gott das Volk Israel liebte und wie sehr sich das Volk Israel nach Gott sehnte. Die christlichen Theologen übernahmen diese Lesart, nur ging es jetzt um die Liebe zwischen Gott und der Kirche, zwischen Jesus Christus und der Kirche. Spätere Theologen ergänzten dieses Verständnis mit zwei neuen Varianten: Die Liebeslieder sprachen zum einen von der innersten Vertrautheit zwischen Gott und Maria als dem Inbild der Kirche; diese Lieder beschrieben zum andern letztlich die Liebesgeschichte, die zwischen Gott und der menschlichen Seele spielt.

Wer nach sich selbst sucht und im Umgang mit sich nicht mehr auf die frühere Routine zurückgreifen will, entdeckt, dass dies nicht ohne Mitleid, Sorgfalt und Zärtlichkeit sich selbst gegenüber möglich ist. Die Suche lässt den Wert ahnen, der mit dem neuen Ich verbunden ist. Das neue Ich kann sich nur einstellen, wenn die Wertschätzung wie eine Vorgabe bereits vorhanden ist: Ich muss liebevoll um mich ringen, mit mir selbst eine Liebesgeschichte beginnen – denn mein Ich ist Teil einer umfassenden göttlichen Liebesgeschichte.

Der Schritt von der Routine zu Sorgfalt und Zärtlichkeit stellt sich oft nicht von alleine ein. Er muss eingeübt werden. In der spirituellen Schulung gilt dies als Achtsamkeitstraining. Wir sind achtsam, wenn wir uns mit ganzer Aufmerksamkeit auf etwas oder jemanden einlassen, und zwar absichtslos. Unsere Aufmerksamkeit ist dann absichtslos, wenn unsere Wahrnehmung darauf hinzielt, dem anderen gerecht zu werden und ihm zu entsprechen. Wir sind am Wert einer Sache oder eines Menschen interessiert, unabhängig davon, ob wir sie oder ihn nutzen können. Achtsamkeit weiß um den Eigenwert – auch um den Eigenwert des eigenen Lebens. Achtsamkeit ist die behutsame Variante einer Liebesgeschichte.

Ich bin immer erstaunt darüber, wie sehr andere über die Wirkungslosigkeit ihres Achtsamkeitstrainings staunen können. Dabei haben sie sich so bemüht: Sie haben mit ihren Zimmerpflanzen gesprochen, sie haben alle Fliegen freundlich aus der Stube gebeten, sie sind mit nackten Füßen spazieren gegangen, um die Erde persönlich zu berühren, sie haben den Nachbarn, die zurzeit in den Ferien weilen, erholsame Wünsche nachgesandt ... Der Fehler liegt darin, dass sie sich selbst die Achtsamkeit nicht zukommen ließen. Uns selber im eigenen Wert und in der eigenen Größe zu sehen, hat nichts mit Egoismus oder Narzissmus zu tun. Dies ist vielmehr eine Form des Respekts, der Würdigung. Wir entdecken, dass wir liebenswert sind. Es geht uns auf, dass dieses alte Ich nicht ausreicht, um einem solchen Reichtum gerecht zu werden. Wenn wir die Liebe zu uns selbst im Sinne der Achtsamkeit leben, können wir nachvollziehen, dass Gott uns liebt, sorgfältig und zärtlich.

Franz von Assisi (1181–1226), Ordensgründer, Dichter, ist von zauberhaften Legenden umgeben. Und diese Legenden belegen, dass ihm die Achtsamkeit ein zentrales Anliegen war: Er achtete die Pflanzen und Tiere, er hatte einen Blick für die auf Gott hin transparente Schöpfung. Er verstand es, Frieden zu stiften, und im Orden achtete er darauf, dass keiner der Brüder durch Ansprüche oder Übereifer der andern, auch nicht durch seinen eigenen Eifer beschämt würde. In seinem Sonnengesang wurde ihm alles zu Bruder und Schwester: Sonne, Mond, Sterne, Wind, Luft, Wasser, Feuer; sogar die Mutter Erde wird zur Schwester. Später fügte er dem Gesang eine Strophe an: Sie galt dem Bruder Tod ... Achtsamkeit auch der eigenen Sterblichkeit gegenüber! Die Legenden krönen die Lebensgeschichte von Franz mit einer göttlichen Zuwendung, wie sie sonst nur Jesus gekannt hat: Auf dem Berg La Verna erscheint ihm der tröstende und klärende Lichtengel, auf seinem Körper bleiben als Spuren die Wundmale zurück, die auch den Leib Jesu geprägt haben.

Das »Heimweh nach mir« wurzelt in einer Achtsamkeit und einem Mitgefühl, das niemanden ausschließt, vor allem nicht die eigene Person. Die Wertschätzung der eigenen Person und der eigenen Lebensgeschichte – mit all dem, was, vordergründig gesehen, gut und nicht gut gelaufen ist – besitzt den Charakter der Versöhnung, des Erbarmens, eines Einverständnisses mit dem göttlichen Wirken, dessen Zusammenhänge wir selbst nie ganz durchschauen und schon gar nicht bewerten können.

Sich aufgeben

Das Heimweh nach sich selbst setzt eine Bewegung in Gange, die – vorerst – nicht mehr zur Ruhe kommt. Es genügt nicht, sich allmählich aus den Fremdbestimmungen herauszuschälen und die Muster abzulegen, die einem aufgezwungen wurden, etwa durch die Ursprungsfamilie, die berufliche Prägung, die Anpassung im Dienst einer möglichen Karriere, die Abhängigkeit in einem Netz von überhöhten und überschätzten Beziehungen. Es genügt nicht, den offenen und verdeckten Lieblingsideen des Ego auf die Spur zu kommen und sie loszulassen. Sogar auf der spirituellen Ebene gilt es, Konzepte und Wünsche zu verabschieden.

Im Rahmen der spirituellen Suche kann uns Menschen plötzlich deutlich werden, dass sogar diese Suche bisher unwesentlich war – eine schmerzhafte Erkenntnis. Wir entdecken zum Beispiel, wie sehr es uns darum ging, zu sein wie der Lehrer oder die Lehrerin oder in Erfahrungen einzutreten, die man doch gemacht haben muss – deshalb kopierten wir sie so gut, dass niemandem, nicht einmal uns selbst, auffiel, dass wir nicht authentisch waren …

In allen religiösen und spirituellen Gruppen ist die Kopiergefahr groß; man integriert sich in den vorgegebenen Kanon von Erfahrungen und Deutungen, man will konform sein. Der spirituelle Weg ist aber immer ein individueller Weg, ein Dialog mit der inneren Führung, eine Auseinandersetzung mit der einmaligen Biografie. Er führt zur Entdeckung, dass die göttliche

Mitte und die eigene Personmitte zusammenfallen. Der spirituelle Weg mündet in einen Einklang des menschlichen Bewusstseins mit dem göttlichen Bewusstsein.

Oft sind es Augenblicke in der Meditation oder im Gebet, die uns die glückhafte Sicherheit schenken, dass wir – unser Suchen, Wollen, Entscheiden – in Gott und seinem Suchen, Wollen, Entscheiden geborgen sind. Dass wir uns nicht mehr davon abzuheben brauchen. Dass unser Ureigenes hier beginnt. Die Erfahrung dieser Sicherheit kann uns vor Glück durcheinander bringen, uns an uns selbst zweifeln lassen, als ob es ein solches Glück für uns gar nicht geben dürfte. Es taucht die Angst auf, dass wir uns etwas vormachen. Dass wir einer Selbsttäuschung in die Falle gehen. Es braucht das mehrfache Geschenk, bis Herz und Kopf einverstanden sind und in eins fallen mit dem göttlichen Bewusstsein.

Juliana von Norwich (1342–ca. 1412) lebte als Klausnerin, d. h. sie führte ein zurückgezogenes Leben, das der Kontemplation, aber auch der Beratung anderer Menschen gewidmet war. Im Alter von 30 Jahren, noch bevor sie diesen Rückzug in einen verhältnismäßig kleinen Raum bei einer Kirche in Norwich wählte, empfing sie in Visionen prägende Eindrücke von Gottes Interesse an den Menschen, von Gottes Interesse an ihr – ausgerechnet an ihr. In der Kraft dieser Visionen stand sie anderen Menschen mit ihrem Rat zur Verfügung. Gegen Ende ihres Lebens sorgte sie dafür, dass ihre inneren Erfahrungen aufgezeichnet wurden. Sie gab ihnen den Titel »Offenbarungen von göttlicher Liebe«.

Es ist ein zentrales Anliegen Julianas von Norwich, dass wir Menschen spirituell nicht auf halbem Wege stehen bleiben. Die Vorstellung, Gottes nicht würdig zu sein, kann uns hindern, Gottes Liebe wirklich zu erfahren und damit auch unseren eigentlichen Wert zu entdecken. Nach Juliana ist dies eine falsche Demut. Sie bezeichnet sie als Blindheit und Schwäche. Wie ein Kirchenraum von der Darstellung der »Maiestas Domini« erfüllt sein kann, so sieht Juliana das Herz des Menschen von der göttlichen Gegenwart erfüllt. Gott wohnt im Herzen des Menschen, und solange dieser Herzensraum von etwas anderem dominiert wird, bricht das Heimweh immer wieder auf. Denn nur Gottes Gegenwart entspricht dem menschlichen Herzen. In den Worten von Juliana klingt diese Einsicht folgendermaßen: »Gott ist die wahre Ruhe. Gott will erkannt sein und Er freut sich, dass wir in Ihm ruhen. Denn alles, was weniger ist als Er, genügt uns nicht.«

Das »Heimweh nach mir« ist eine Bewegung, die sich, spirituell gesprochen, zwischen zwei unterschiedlichen »Ich« abspielt. Das menschliche Ich, das aus ganz verschiedenen Gründen zu sich selbst kommen wollte, verliert im Lauf dieser Bewegung seine Konsistenz. Es gewinnt eine neue Dimension, die sich immer stärker als sein ureigenes Wesen herausstellt.

Zwischen Worten und Schweigen

Im Gedichtzyklus »Aus Heimweh nach mir« gestaltet Petra Fietzek eine Suchbewegung, die in ihrem Gehalt weit über die persönliche Suche der Autorin hinausreicht. Petra Fietzek greift Erfahrungen auf, die durch alle Jahrhunderte hindurch als spirituelle, ja mystische Erfahrungen dokumentiert sind. Und zugleich ist es ganz die Suche der Autorin, denn nur aus dem Boden eines konkreten Lebens können diese eindringlichen, plastischen und farbigen Wendungen herauswachsen, die in ihren Gedichten anzutreffen sind.

Der Gedichtzyklus gliedert sich in Schritte oder Kapitel: Inneres Gefrorensein – Vagabundieren – Witterndes Warten – Freies Geleit – Glück in eigener Haut – Wohnen im Geheimnis. Diese Zusammenstellung verführt möglicherweise dazu, die Gedichte vor allem als eine biografische Abfolge zu lesen und in dieser Abfolge eine spirituelle Notwendigkeit zu entdecken, vielleicht sogar ein Rezept, das übernommen werden kann. Empfehlenswert ist deshalb auch die separate Lektüre jedes einzelnen Gedichts; dank seiner Intensität vergegenwärtigt es den jeweiligen Erfahrungsmoment und lässt miterleben, was es heißt, verloren zu sein, sich herumzutreiben, das Einfache zu ahnen, in der Gnade zu schwimmen. Empfehlenswert ist zudem das Staunen über die Vielfalt der vorgelegten Formulierungen. Von ihren Erfahrungen getragen und angetrieben, stößt die Autorin in sprachliches Grenzland vor, bietet Worte und Wortbilder an, damit sie ihr selbst und uns zur Verfügung stehen. Petra Fietzek birgt bzw. versteckt sich nicht in der offiziellen Sprache einer Kirche oder in der Lehre einer spirituellen Gemeinschaft. Sie operiert nicht mit anerkannten Formeln, es ist ein nachdenkliches Sprechen. Sie selbst ist die Garantie ihrer Formulierungen und nimmt sie deshalb auch wieder zurück, ja kehrt mit ihnen ins Schweigen zurück.

Den Gedichten von Petra Fietzek gelingt, was eine theologische oder philosophische Sprache nicht zustande bringt, auch wenn sie behutsam vorgeht: Mit ihrer Bildervielfalt laden sie ein, Erfahrungen nachzuspüren, sie nachzuvollziehen, sich für sie offenzuhalten, ohne diese Erfahrungen – weder ihren menschlichen noch ihren göttlichen Anteil – zu fixieren. Im Gedicht *Vom Verbeten* weist sie darauf hin, dass sich unsere Erfahrungen mit Gott auf der Ebene der Sprachlosigkeit ereignen: Gottes Zugang zu unserem Herzen wird deshalb weder durch unsere Worte oder unser Schweigen geschaffen noch wird dieser Zugang durch unsere Worte oder unser Schweigen verstellt.

Aus Heimweh nach mir

Es ist, als käme ich von einer langen Reise zurück.
Ich lege meine Handtasche auf mein Bett
und kauere mich in meinen Sessel.
Dabei war ich immer hier.
Das weiß ich genau.
Vielleicht ist irgendetwas in mir verreist gewesen.
Vielleicht meine Angst oder mein Mut.
Vielleicht werden sie mir erzählen,
was sie erlebt haben.
Vielleicht auch nicht, wenn ich mich nicht genug
dafür interessiere.

Ich richte mich im Sessel auf.
Vielleicht war mein Interesse an mir verreist?
Ja, mein Interesse an mir war verreist,
weil ich es zuvor verhauen hatte.
Mit bloßen Händen.
Es stand im Weg und heulte.
Ich hatte Wichtigeres zu tun.
Ich musste für dich da sein und für dich,
vor allem aber für dich und für dich.

Ich stütze die Hände auf die Sessellehnen.
Nein, es war nicht verreist.
Es war weggelaufen.
Ich weiß genau,
dass es mir den Rücken zukehrte und verschwand.
Ich warf ihm seine Schuhe nach.
Irgendwelche Sandalen mit Lederriemen.
Dann war es leer in mir.

Ich rannte durch Informationen und Statements.
Ich tankte mich mit Mitleid voll und Parteinahmen
für alle möglichen Menschen und Konflikte
und Scheußlichkeiten dieser Welt.
Doch es war leer in mir.

Irgendwann fiel ich in ein Beet mit Federnelken.
Mein Fuß war gebrochen, ebenso mein Herz.
Mein Gesicht lag neben meiner Handtasche.
Wir hatten eine Unzahl zimtduftender Federnelken
plattgedrückt.

In dieser Jämmerlichkeit fiel ich mir ein.
Ich half mir hoch und klopfte mich ab.
Ich dachte über mein Alter nach
und meine jungen Wünsche,
streichelte meine Unrast
wie einen fremdartigen Gast.

In meinem Sessel lege ich mein Gesicht
in meine Hände.
Es ist, als käme ich von einer langen Reise zurück
aus Heimweh nach mir.

Inneres Gefrorensein

Die Erfahrung der Verlorenheit und die Kraft des Heimwehs

Wer sich selbst verloren hat, wer sich nicht mehr spürt, dem entgleitet die Lebenswärme. Kälte zieht bei einem solchen Menschen ein, Kälte geht von ihm aus. Auch andere zeittypische Erfahrungen machen diese Verlorenheit des heutigen Menschen deutlich: Hektik, Fixierung, Verwicklung, Übermaß – Erfahrungen, die den Menschen verzerren, oft so stark, dass er sich selbst nicht mehr erkennt. Petra Fietzek greift diese Erfahrungen in ihren Texten auf.

Die Eindringlichkeit der Gedichte lässt bei der Lektüre erahnen, dass diese Formulierungen noch etwas anderes meinen als den Alltagsstress, die Erschöpfung durch die Arbeit, die Überforderung durch konkurrierende Verpflichtungen. Das innere Gefrorensein knüpft an den großen Bildern der christlichen Spiritualität an, wenn die Mystiker und Mystikerinnen in Anlehnung an die biblischen Traditionen von der Wüste, dem Exil oder der Nacht sprechen.

»Wüste« ist die Erschöpfung, der Durst, die Weglosigkeit, aber auch die Angst, von Gott nicht mehr geführt zu werden, sich in einer Region zu befinden, zu der auch Gott keinen Zugang besitzt. »Exil« ist die Fremde, die Fremdbestimmung, die Bedeutungslosigkeit der eigenen Werte, aber auch die Befürchtung, früher mit der Treue Gott gegenüber – und mit Gottes Treue dem eigenen Leben gegenüber – auf eine Illusion hereingefallen zu sein, die aufrechtzuerhalten sich gar nicht mehr lohnt. »Nacht« ist der Verlust der Sinne, der Orientierung, der Sicherheit, aber auch der Schreck, zum Spielball unsichtbarer, nicht beschreibbarer Kräfte zu werden und nie mehr zum Licht zurückzufinden.

Werden die Gedichte des ersten Kapitels auf diesem spirituellen Hintergrund gelesen, wird zudem deutlich, dass die Erfahrung, die Petra Fietzek beschreibt, nicht einmalig ist. »Gefrorensein« ist nicht der Zustand vor einer Bekehrung; im Gegenteil, die Erfahrung des »Gefrorenseins« kann sich auf dem inneren Weg immer wieder einstellen. Bereits die Männer und Frauen, die sich im dritten und vierten Jahrhundert in die Wüste zurückzogen, um ihre christliche Berufung ohne jegliche Ablenkung und Einschränkung durch Alltagsverpflichtungen zu leben, merkten, dass auch ihr ganzer Einsatz nicht vor Einbrüchen gesichert war. Sinnlosigkeit, Perspektivenlosigkeit, Lähmung, Depression konnten sie überfallen und ihr Vertrauen Gott gegenüber erschüttern.

Bei allen notstarken Bildern, die bei Petra Fietzek zum Einsatz kommen, ist in den Gedichten auch Zuversicht wahrzunehmen. So zum Beispiel in einem vertrauenerweckenden Bild aus der Natur, der Wiederkehr der offenen Blüte im Rhythmus der Jahreszeiten als Gegenbild zum in sich verschlossenen Menschen:

> *Im Wald öffnen Buschwindröschen*
> *ihre Kelche, trinken vom Licht.*

Äußerste Not ist der Anfang der Bewegung zurück. Das Heimweh ist eine Kraft, die auch in der Not lebendig werden kann, weil die Quelle des Heimwehs tiefer liegt als die Not. Auch im Verlorengehen

> *hinkt meine Seele,*
> *Gott,*
> *zu Dir.*

Vom inneren Gefrorensein

Im Dunkel glänzt
das weiße Feld.

Deine Worte beißen die Kälte.

Leichentücher über den Gärten
hüllen Stängel und Blatt.
Der Mond ritzt Wolkenkissen.

Tau doch auf, sagst du.

Fern heulen Hunde durch die Nacht.
Du schüttelst Schnee vom Taxus.

Und wenn ich nicht kann, sage ich.

Im Dunkel glänzt
das weiße Feld.

Vom wuchernden Zuviel

Mitten im Apfelblütenwald
den Wald vor lauter Blüten
nicht sehen wie alles,
was um uns hersteht, hergeht,
herfliegt, herflieht
dicht an dicht wuchernd:
Eitelkeiten, Sommerbeete,
Aktienfonds, Verantwortungen.

Beruhigungsmittel unter starrer Zunge.

Erblinden mit offenen Augen
im wuchernden Zuviel.

Vom Verzichten

Reise nach Jerusalem
lebst du,
verscharrst dein Erschöpftsein
täglich
in Geranientöpfen,
treibst die anderen
und dich
um Stühle.

Ach, nur ein Spiel,
ein altes Spiel,
sagst du.

Da bleibt ein Stuhl übrig.
Du verzichtest.

Vom Verschlossensein

In deinen fest verschlossenen Fäusten
hältst du deine Kontaktlinsen,
das letzte Strickzeug deiner Mutter,
die Not deines Kindes,
den Sog der Finsternis und schwellende Angst.

Dein Heiligtum:
deine fest verschlossenen Fäuste.

Du vergräbst sie tief
in deinen Manteltaschen
zwischen Zwiebackkrümeln und Papier.
Deine Lebenslinien krümmen sich,
krampfen im Angespanntsein.

Im Wald öffnen Buschwindröschen
ihre Kelche, trinken vom Licht.

Vom getarnten Entsetzen

Manchmal erscheint uns Ungeheuerliches
in harmlosem Gewand.
Wir begegnen ihm auf offener Straße.
Wir plaudern mit ihm und scherzen
und fühlen uns ihm gewachsen.
Wir schützen uns nicht.

Das Ungeheuerliche kommt uns so nah,
dass wir es spüren können,
und wir halten ihm stand.

Wir glauben, dass es uns zugetan
und wohlwollend sei,
ein Ereignis unter vielen,
flüchtig und nichtssagend.

Es kann Monate dauern,
bis wir die Fratze des Ungeheuerlichen
enttarnen,
und Jahre, bis wir uns eingestehen,
dass wir es waren, die es verkleideten
mit hilflosen Fingern.

Vom Festhaltenlassen

Alles ist
mit hartem Konturstift umrandet:
deine Liebe,
deine Ferne,
dein Gebet.

Im Schlund der Wasserspeier
ruht blasse Asche.

Hinter der Hügelkette hüpft bunter Schnee.

Du an der Leine aus Konventionen
(dreimeterzweiundsiebzig)
bist viel zu dankbar.

Vom Gebrochensein

Der Abend reibt sich rot,
zieht seine Blutspur
über das Feld.

Unter Pappeln
zwischen Sträuchern
spitzsteiniger Krummweg.

Hinkt meine Seele,
Gott,
zu Dir.

Vagabundieren

Sehnsucht und Suche

Auch die Bilder der Gedichte des zweiten Kapitels sind mehr-
sinnig. Vagabundieren, das kann Flucht bedeuten, aber auch
eine Suche, Aufbruch, aber auch ein Sich-Entziehen. Das Vagabundieren kann als Eingeständnis dafür gelesen werden, dass
dem Leben bisweilen Unentschlossenheit und immer ein Unge-
nügen innewohnen: *als wäre ... dir nicht ... genug.*

Das Vagabundieren erinnert an die sehnsüchtige Suche der
liebeshungrigen Frau im Hohenlied. Eines der Liebeslieder
(Hld 3,1–5) stellt die Kraft der Liebessehnsucht, die Kraft der lie-
benden Frau in den Mittelpunkt.

> Auf meinem Bett
> in den Nächten
> sucht ich,
> den mein Atem liebt,
> ich suchte ihn
> und fand ihn nicht.
> Ich will doch aufstehn
> und herumgehn in der Stadt,
> in den Gäßchen und auf den Plätzen
> will ich suchen,
> den mein Atem liebt.
> Ich suchte ihn
> und fand ihn nicht.
> Es fanden mich die Wächter,
> die herumgehn in der Stadt –
> Den mein Atem liebt,
> saht ihr den?
> Kaum dass ich an ihnen vorbei war,
> da fand ich,

den mein Atem liebt,
ich packte ihn
und ließ ihn nicht los,
bis ich ihn heimbrachte
ins Haus meiner Mutter
und ins Gemach der,
die mich empfing.

Das Liebeslied (hier zitiert nach der Übersetzung von Klaus Reichert, Das Hohelied Salomos, München 1998) schließt mit der Bitte an die jungen Frauen von Jerusalem, die Sehnsucht, die nun in der Liebesgemeinschaft ihre Erfüllung gefunden hat, auf keinen Fall zu stören.

Der Theologe Aurelius Augustinus (354–430) hat in seinen Ansprachen mehrfach die Bedeutung der Sehnsucht hervorgehoben; nach seinem Verständnis ist sie die Kraft, die den Menschen für Gott öffnet und ihn zu Gott führt; in seinen Augen ist das Aufbrechen der Sehnsucht bereits eine erste Gotteserfahrung. Denn sie lässt den Menschen über sich hinausgelangen. Im Strom der Sehnsucht findet der Mensch zu einer neuen Aufmerksamkeit, deren unbegrenzten Horizont er aber erst allmählich entdeckt, wie Petra Fietzek im Gedicht *Vom Ersehnen* aufzeigt; mit dem Vorgefundenen zufrieden zu sein, würde beschämen.

Es mag Ausdruck der Sehnsucht sein, dass oft unklar bleibt, wer in diesen Gedichten eigentlich spricht. Wer ist dieses »Ich«? Welchem »Du« wendet es sich zu? Handelt es sich um ein Selbstgespräch? Wer ist dann dieses »Selbst«? – Auf der Ebene des inneren Dialogs offenbart das Heimweh seine Sehnsuchtskraft.

Vom Vagabundieren

Es ist der Wald mit dem blassgelben Adlerfarn
und den Herbstnebeln über der Lichtung.

Es ist der Wald mit den filigranen Spinnweben
und dem toten Baum in der Umzäunung.

Es ist der Wald mit den krausen Mooskissen
und den grünen Glastümpeln.

Es ist der Wald mit den Geständnissen
im feinen Regenlicht.

Es ist der Wald,
in dem ich mich herumtreibe
mit gerissenen Stricken.

Vom Flüchten

Hinter dem alten Schloss
brennt der Himmel.

Wohin läufst du so schnell
mit deinem karierten Rucksack?

Über dem Sommergetreide
kreischen Schwalben.

Abendkühle streunt aus dem Wald.

Alle rufen dich
– wie immer.

Du läufst ohne Rücksicht
– wie noch nie.

Vom Zerrissensein

Mit jedem Sturm zerfetzt das Lumpenkleid
am Zaun noch mehr,
zerren Windböen die Wolkendecken des Ertragens.

Deine Lebensmöglichkeiten
spreizen die schillernden Federn,
zeigen ihr splitterndes Herz.

Du stehst in der Landschaft.

Du drehst dich in alle Richtungen.
Du hebst die Hände wie leere Schalen
zum weiten Himmel.

Deine Stimme verfliegt im schütternden Rütteln,
ein loser Drachen über endlosem Feld.

Vom Ungenügen

Als wäre die Sonne
dir nicht glühend genug,

als wäre der Flieder
dir nicht blühend genug,

als wäre die Welt
dir nicht sprühend genug,

als wäre deine Haut
dir nicht Heimat genug,

so suchst du.

Vom Ersehnen

Manchmal gehen wir an Ligusterhecken entlang.
Wir fühlen die Schottersteine unter unseren
Sohlen,
hören das Knirschen des Sandes.
Die Sonne steht über dem Getreide im Zenit.
Es ist Sommer.

Wir wissen nicht,
wer hinter den Hecken lebt.
Wir wissen nicht, wohin der Weg uns führt.
Wir gehen und spüren die Hecken zur Rechten
und die Felder zur Linken.

Alles ist unbedeutsam
und doch sind wir voll Aufmerksamkeit.
Es ist, als erwarte uns ein geliebter Mensch
dort hinten an der Wegbiegung.

Hohe Pappeln rauschen.
Maschendraht führt um die Kurve.
Vor uns liegt ein Wendeplatz,
von Büschen umsäumt.
Der leere Boden bricht in schalen Pfützen.

Wir sind atemlos und beschämt.

Vom Zweifeln

Meine Finger
in Deiner Seitenwunde:
im Stolpern der Alkoholikerin im U-Bahn-Schacht,
im sterbenden Nussbaum,
im Mobbing einer Seele.

Meine Finger
in Deiner aufgeplatzten Seitenwunde.

Und ich suche weiter und weiter
und weiter nach Dir,
als zeigtest Du Dich nicht.

Vom Suchen nach Selbstspuren

Dieses
trockene Fühlen,
trockene Denken,
trockene Reden.

Dieses Am-Erdboden-Liegen,
Spitzsteinchen zwischen den Rippen,
Haut an Haut mit blasser Asche
bunter Lebensversuche,
in gefesseltem Mut,
in gefesseltem Ja.

Dieses
flackernde Suchen,
schlaflose Suchen nach Selbstspuren,
deren Bodensätze feucht und einfallsreich.

Witterndes Warten

Lebensort Herz

Immer deutlicher zeigt sich: Die Entscheidungen fallen im Herzen, im »Innenbuch«. Das Heimweh, die Suche, die Rückkehr haben ihren Ursprung und ihr Ziel im Herzen. Denn im Herzen kann der Mensch erfahren, wer er eigentlich ist. Das Herz ist jene Mitte, die durch kein Verlorengehen, durch kein Gefrorensein zerstört werden kann. – Es klingt modern, wenn wir von Bewusstsein sprechen, vielleicht sogar von neurologischen Prozessen, von Gehirnarealen, von häufig gebrauchten und von unbenutzten Synapsen ... In ihrer lyrischen Sprache entscheidet sich Petra Fietzek für das »alte« Herz.

Das Herz gilt in der spirituellen Tradition als der Ort, an dem Gott und Mensch zusammenkommen. Im Bereich des Herzens ist nicht mehr auszumachen, wo der Mensch bzw. Gott aufhört und Gott bzw. der Mensch beginnt. Im Herzen eines Menschen kann eine Liebe lebendig werden, die nur von Gott her verständlich wird. Das Herz ist der Ort, an dem Gott an den Menschen glaubt, ihn durch seinen Glauben lebendig hält.
Dass sich der Mensch dieses Herz überhaupt zugesteht, ist nur dank einer Heilung möglich. Er muss berührt, geöffnet werden; dann erst kommt es zum Herz. Oder in Anlehnung an eine Heilungsgeschichte des Markusevangeliums, die Petra Fietzek in einem der Gedichte aufgreift:

> *Leg Deine Finger in meine Ohren!*
> *Was werde ich hören,*
> *wenn ich mich höre durch Dich?*

> *Meine Augen schauen ins Lilienland,*
> *seitdem Dein Speichel sie berührte.*

Petra Fietzek schließt diesen Teil ihrer Gedichte mit einer Frage:
So viele Wahrnehmungen und Erfahrungen werden im Laufe
eines Lebens Thema, weswegen bleibt gerade das Herz ausge-
spart? Und sie lässt der Frage die staunende Schlusszeile folgen:

> *bewahrt für ein Verstehn.*

Der kostbare »Herzkristall« kann in seinem Wert noch nicht,
vielleicht erst später, vielleicht nur in einer ganz bestimmten
Lebenskonstellation, vielleicht – im irdischen Dasein – nie er-
schlossen werden.

Vom witternden Warten

Mk 7,31-36

Um meine Schaffenslust
schlingern Stacheldrähte aus Rücksichten.

In meiner Mundhöhle
hausen feiste Zungenbrecher.

Leg Deine Finger in meine Ohren!
Was werde ich hören,
wenn ich mich höre durch Dich,
Jesus?

Meine Augen schauen ins Lilienland,
seitdem Dein Speichel sie berührte.

Deshalb, nur deshalb
warte ich auf mich.

Von der Lebensnähe

Du hattest deinen Fuß gebrochen,
als der Asphaltbelag der Straße
erneuert wurde.

Du saßst im Wohnzimmer,
hörtest den Lärm der Straßenmaschinen,
hörtest die Rufe der Bauarbeiter
und in der Stille Spatzentschilpen.

Du saßst im Wohnzimmer,
hörtest, wie dein Leben an dich herantrat.
Es stellte sich neben deinen Stuhl
und sah mit dir aus dem Fenster.
Noch nie war dir dein Leben so nah.

Du warst dir unsicher,
was du deinem Leben sagen solltest.
Sie machen den Asphalt neu,
sagtest du.

Dein Leben sah dich von der Seite an.
Es zuckte mit den Schultern und ging.

Vom Schattenboxen

In meiner Krypta
im flackernden Kerzenlicht
zwischen Rundsäulen und Sarkophagen
box ich
mit meinen zähen Schatten.

Box ich
mit meinen Hirngrillen,
mit meinen Anstandstäschchen,
mit meinen Drucklasten.

Box ich und box ich.

Höhnisches Lachen
krallt an den Wänden,
mauert mich ein.

Vom Ersatzhandeln

Was ich dir
alles noch sagen könnte,
entfällt mir,

nur, dass ich dich liebe,
schreibe ich
in deine gelähmten Hände,
schreibe ich an Betonwände
und in schaukelnde Tulpen.

Ich zähle alle Tapetenmuster
über deinem Bett,
als sei dein Leben
berechenbar und ganz.

Vom Wattstapfen

Manchmal stapfen wir durch glucksendes Watt
mit dem trotzigen Gesicht eines Kindes,
das die Krabben
in der Krabbensuppe verachtet
und die Suppe über den Tisch spuckt.

Wie ein Kind,
das spuckt und spuckt
und lacht,
so stapfen wir durch glucksendes Watt
und leben unser Leben
gegen den Strich.

Vom Träumen

Sah die alte Frau
mit orangefarbenem Strohhut
in der Sonne lachen.

Sah sie im Treibhaus
mit Rundrücken schlurfen,
die Hände voll Tomaten.

Sah die alte Frau
durch Leerräume gehen,
fragend, allein.

Sah sie sich umdrehen,
sah sie mich ansehen.

Und du?, fragte sie.
Und du?

Vom inneren Sehen

In fahrigen Nächten
mit stöberndem Wind
blätterst du in deinem Innenbuch.

Seite um Seite
führt dich durch die Gassen
deiner Heimatstadt.

Alles ist lebendig, was du verloren.

Du kauerst
auf regennassen Steinen
vor dem alten Dom.

Eine kleine Katze
schmiegt sich an dich,
küsst dein Herz.

Vom Aushalten

Erschrick nicht
über die Schwachheit meiner Gebete
und meine elende Verzagtheit,
Gott.

Du kennst die Kühnheit
meiner Sehnsucht nach Dir.
Du kennst die Schönheit meines Herzens
und seine Fratzen, die sich Deiner schämen.

Halte mich aus,
Gott,
in meiner Brüchigkeit.
Ich bin unstet wie der Wind im Wüstengras
und treu wie die Distel im Sand.

Glaub an mich,
Gott,
in meinem Unglauben.

Vom Entscheiden

Auf meiner geraden Straße
kenne ich alle Litaneien,
alle Hügelketten im Dämmerlicht.
All die geflickten Zäune kenne ich,
das satte Gurren der Tauben.

An unserer Kreuzung,
Gott,
schrecke ich auf.

Du rufst mich in Wanderdünen.
Du lockst wie ein Cello.
Du legst Deine Hände in meinen Schoß.

Ich kann mich gebären.
Ich kann mich verlieren.

Vom Bewahren

Straßenschilder erwähnt,
berichtet vom Herbststurm,
Krähenschreie nachgeschrieen
mit kehligem Ton.

Abblätternde Plakate erwähnt,
die blutgeritzten Arme im Bus
und Eigentaten voll Beflissenheit.

Doch meinen Herzkristall,
angeschmiedet unter dem Brückenrücken,
meinen schatzhaften Herzkristall
unentdeckt gelassen.

Unbesprochen in Zugluft,
bewahrt für ein Verstehn.

Freies Geleit

Nicht allein unterwegs

In der östlichen Spiritualität ist eine Überzeugung, die auch die christliche Spiritualität kennt, auf die Formel zugespitzt worden: »Wenn du bereit bist, taucht auch dein Guru auf!« – In den ersten Gedichten dieses Buches sieht die Heimwehbewegung, die Suche, wie ein Alleingang aus, wie ein Kampf an allen Fronten. Nun bekommt die Bewegung einen anderen Charakter, sie klingt wie ein vielstimmiges Gespräch, sie entpuppt sich als Vernetzung. Alles scheint der Suche entgegenzukommen, ihr zu dienen. Andere sind mit unterwegs, wirken anregend und wegweisend.

Wer das Auge, das Ohr, das Herz geöffnet hat, wird geführt und begleitet. Das kann in alltäglichen Begegnungen stattfinden, in der Lektüre, in dem, was wir von anderen oder über andere erfahren. Es sind jene dichten Augenblicke, in denen sich uns zum Beispiel Zeilen eines Buches, vor Jahrhunderten geschrieben, so erschließen, als ob sie für uns ganz persönlich geschrieben worden seien. Es sind jene dichten Augenblicke, in denen jemand durch sein Zuhören oder durch sein Zusprechen deutlich macht, dass er uns versteht, uns kennt, unseren Weg – oder eben unsere Suche – als unseren ureigenen, ja als göttlichen Weg legitimiert.

Es scheint, als ob das Heimweh sein Ziel schon erreicht hätte, wenigstens für einen Moment, wie ihn das Gedicht *Vom stillen Glück* festhält. Die für unsere menschliche, alltägliche Orientierung so typischen und notwendigen Gegensätze lösen sich auf: Die Sterne des Himmels liegen nun unten *im Schoß der Stadt*. Es ist dies das Werk der Abendluft, des Atems, des spiritus, des pneuma, der göttlichen Atemkraft. Ein Moment, der bei allem Glück für den Menschen nur schwer zu ertragen ist, diese

Mischung von Glück und Verunsicherung, von Erfüllung und Orientierungslosigkeit. Gerade diese Momente der Gemeinschaft und gegenseitiger Führung.

Vom freien Geleit

Meine Hände
sind zu schwach zum Lieben.

Ohne Namen
falle ich mir nicht mehr ein.

Meine Flügel verließen mich.

Gib mir
freies Geleit
zurück zu mir.

Vom Beginnen

An einem Sommertag im Ruhrgebiet
reichst du mir plötzlich dein Lebensbuch.
Wir sitzen auf der gelben Plastikbank
in einem Wartehäuschen.
Es ist heiß.

Straßenbahnen rattern vorbei.
Du kratzt am abblätternden Lack
einer Limonadendose.

Ich lese und lese.
Ich weine und nicke.
Du glättest den Stoff deiner Tasche.

Ich reiche dir dein Lebensbuch
und sehe deine Augen,
deine kleingezerrten Augen,
deinen kleingebrochnen Blick.

Du steckst dein Lebensbuch in deine Tasche.

Wir steigen in eine Straßenbahn.
Wir fahren nach Haus.

Vom Kreuzigen

Meine Verlorenheit im Nachtwind
über dem Lichtmeer großer Städte,
meine stechenden Verletzungen,
mein geknebeltes Verstummtsein
kreuzigst du,

kreuzigst du
für mich
an blühenden Rosenstämmen

mit deinen zärtlichen, wissenden Fingern.

Vom Befragtwerden

Frag mich,
aus welchem Meer ich trank
und warum man mich auf dem Neumarkt
nachts aus dem Bus zerrte.

Frag mich,
wie ich geliebt wurde,
von wem, wo, wann und wozu.

Frag mich
nach meinen Wünschen im Kreuzgang,
nach meinen abgehackten Händen,
nach meinen verlorenen Fäden.

Frag mich nach meinen Fragen.

Vom inwändigen Sammeln

Du hast so ein nachdenkliches Sprechen.
Es ist, als ob du das, was du sagst,
dir selber vorträgst.
Nicht langsam, aber bewusst.

Ich kann nicht genug bekommen
von deinem nachdenklichen Sprechen.
Es passt zu deinen kargen Gesten,
zu deinem schlichten Gang.

Du erinnerst daran, dass wir uns verlieren,
wenn wir uns nicht sammeln,
einsammeln in uns.

Vom unerschrockenen Begleiten

Manchmal geht ein Mensch neben uns.
Wir sehen die Brennnesselhalden,
die wilden Himbeersträucher.

Wir merken, dass uns der Wegrand bedeutsam wird
mit seinen Unebenheiten und Zweideutigkeiten,
mit seinen Übergängen und Verlusten.

Wir merken, dass wir in der Freiheit der
Unsicherheit leben müssen,
um leben zu können.

Der Mensch neben uns hält mit uns Schritt.
Er erschrickt nicht.

Vielleicht waren es seine Augen,
die uns den Wegrand wiesen.
Vielleicht seine Worte,
die uns in Brennnesselhalden,
in wilde Himbeersträucher führten
wie in ein ersehntes Zuhaus.

Vom Vergessen der Krücken

Mein stummes Jammern auf polierter Tischplatte
neben dampfendem Tee.
Mein Düstergesicht im Caféhausspiegel.

Die blauen Krücken griffbereit neben mir.

Mein Herzschmerz eingerührt in Selbstmitleid.
Mein Kind wimmernd in mir.

Unter dem Tisch
mein geheilter Fuß im Zuckertreten,
so zögernd.

Du gehst draußen am Fenster vorbei.
Du trägst einen wippenden Hut.
Du winkst mir zu.

Ich springe auf,
laufe um Tische, um Stühle,
laufe ins Freie zu dir.

Vom stillen Glück

Hoch auf dem Berg
weht Abendluft wie blaue Seide,
dehnt den Atem im stillen Glück.

Im Tal flimmern Lichter,
blitzende Sterne im Schoß der Stadt.

Es geht sich so leicht mit dir
in den Abend,
so unverlaufen im stillen Glück.

Glück in eigener Haut

Gotteserfahrung und Selbstwerdung

Es war schon immer schwierig, eine Gotteserfahrung in Worte zu fassen; die Schwierigkeit ist heute noch größer geworden, da sakrale Worte in der Werbung eingesetzt und entwertet werden und billigste Marktsprache mithelfen soll, einen Gottesdienst aufzupeppen ...
Es ist erstaunlich, wie sicher Petra Fietzek Wendungen und Bilder aufblitzen lässt, die spirituellen Erfahrungen recht geben, und sie gleich wieder zurücknimmt zugunsten einer anderen Wendung, eines anderen Bildes, als ob sich Gott nur für Minuten, für Sekunden übersetzen ließe.

Die Bilder, die in ihren Gedichten lebendig werden, legitimieren sich als Gottesbilder durch ihre Einfachheit. Es fehlt ihnen jegliche aufbauschende Dramatik. In ihrer Selbstverständlichkeit drängen sie sich nicht auf, sie schaffen vielmehr Raum, Raum für das Eigene: das Flussbett, in dem das Wasser frei fließen kann – der Körper, der sich aufrichtet – der Blick für den Horizont – das Narzissennest – mit der Freiheit am runden Tisch sitzen. Ähnlich wirken die Neuformulierungen, die einen längeren inneren Prozess auslösen, bis sie ankommen und verstanden werden: mein Selbstgang, mein leeres Selbstblatt, mein Herzgepäck. *Vielleicht ist alles ganz einfach.*

Es ist bemerkenswert, wie sicher Petra Fietzek die Gotteserfahrung mit positiven, das Selbstbewusstsein stärkenden Erfahrungen zusammenbringt. Nichts von einer lebensverneinenden Kreuzesfixierung, die jahrhundertelang Menschen kleingehalten hat. Gott macht den Menschen groß:

> *mit klarem Mut,*
> *mit klarem Ja,*
> *mit klarem Einverstandensein.*

Und vom gesegneten Menschen heißt es:

> *Wieder und wieder*
> *meinen Körper aufgerichtet,*
> *mein Herz gesalbt,*
> *meinen Blick geweitet.*

Vom Glück in eigener Haut

In deinem Selbstsein stauen Schlacken,
zurren und murren,
horten einander aus Argwohn und Angst.

Am Flussbett blüht gelbe Kamille.

In einer mondhellen Nacht
endlich
deinem Selbstsein Freifluss gegeben,
die Schlacken gelöst
mit klarem Mut,
mit klarem Ja,
mit klarem Einverstandensein mit dir.

Vom aufrechten Gang

An einem Septembertag
mein Kindergetrippel aufgegeben.
Auch meinen Tunnelblick
und meinen drückenden Seesack.

Auf der Uferpromenade
zwischen Pinschern und Joggern,
Fahrrädern und Anweisungen
langsam den aufrechten Gang geübt.

Wieder und wieder
meinen Körper aufgerichtet,
mein Herz gesalbt,
meinen Blick geweitet.

Mildes Licht über dem Fluss
liebkost die Auen,
die Wälder,
die Altstadt.

An einem Septembertag
meinen Selbstgang geübt,
schmerzensreich
auf der Uferpromenade.
Gesegnet.

Vom Vermuten

In der grünenden Landschaft
mit beiden Händen
Büschelbündel aus Gram
schluchtwärts geschleudert.

Unter dem Pilgerbaum
im Narzissennest
ein Stundenbuch entdeckt,
ein Gärtchen von Dir.

Mein hartes Wintergesicht
ins helle Licht gelegt,
mein hartes Winterherz
zwischen Halme aus Trost.

Vielleicht ist alles ganz einfach.

Vom Selbstblatt

So viele Handschriften,
Druckstempel, Skizzen
auf meinem Selbstblatt,
so viele Fremdsprachen.

Dazu all die Werbung,
Tagebücher,
Doktorarbeiten,
Unleserliches.

Deine Rückengebete, knorrig.

Mein volles Selbstblatt
unter die Lupe genommen.
Eine Art Grundreinigung
an einem Nachmittag
allein auf dem Nordfriedhof.

Was mich betrifft
auf mein leeres Selbstblatt
geschrieben
in meiner Handschrift
unter Lebensbäumen.

Mich mit mir beschrieben,
mit all dem,
was zu mir gehört.

Vom Genießen

Vor dem Museumscafé knattern
Sonnenschirme und Fahnen im frischen Wind.
Flammen züngeln in Bronzeschalen.

Du wählst einen Korbstuhl mit gelber Wolldecke.

Vom Rhein dröhnt dumpfes Stampfen der Kähne.

Du trinkst schwarzen Kaffee.
Du trinkst Muße.

Prospekte locken in Ausstellungen,
in Filmvorführungen,
ins Kabarett.

Du streichst Zeit aus deiner Stirn.

Über den Museumsplatz flattern Sittiche,
aufgeregt und unsortiert.

Du sitzt mit deiner Freiheit am runden Tisch,
einfach so.

Vom Herzgepäck

Im Reisebus
auf der Strecke Köln-Aachen
den Kopf seitwärts gebogen,
um die Sterne zu sehen,
den *Großen Wagen* etc.,

während Gelächter gaukelt
und Volksmusik schaukelt
und es riecht nach Bier.

Die Sterne stehen still
am hohen Firmament.

Meine Finger streichen
das graue Sitzpolster.
Unter meinen Füßen
fährt das Land.

In meinem Herzgepäck
schimmern meine Elemente.

Ich fehle mir nicht.

Wohnen im Geheimnis

Schon immer geborgen

Ist Gott ein Gegenüber, ein Du? Führt das Heimweh schließlich zu einem inneren Zwiegespräch mit Gott, zu einer Liebeseinheit? Oder löst sich, wer angekommen ist, in einem göttlich Umfassenden auf? Auch darüber wird in theologischer Präzision gestritten ...

Petra Fietzeks Gedichte knüpfen an mystische Texte an, die immer schon um die Austauschbarkeit der Worte gewusst haben. Gott ist »Geheimnis«, aber er ist auch im Herzen gegenwärtig, deshalb der lakonische Schluss des angekommenen Ich:

> *bin umgezogen*
> *in die Gotteskammer*
> *in mir.*

In diesem Herzen ist Gespräch, aber auch Schweigen, ist Gott ein Du, aber auch ein spielerisches Geschehen. Gott ist wie das uns umfassende Element des Wassers, aber auch wie das umfassende Element der »Wandelsicht«, in der die Biografie eines Menschen mit all ihren Bewegungen schon immer geborgen ist.

Wenn der Mensch im Rückblick diese Geborgenheit entdeckt – dass seine Umwege und sein Bemühen, seine Fehler und seine Fortschritte schon immer in Gottes Liebe gehalten waren –, kann ihn ein befreiendes Lachen packen, ein Lachen, das sich von der möglichen Dramatik einer Biografie verabschiedet, ein gütiges Lachen, wie die Mystikerinnen und Mystiker betonen. Dieses gütige Lachen taucht auch bei Petra Fietzek auf. Nur lachend kann ich das Gedicht *Vom Wenden* lesen.

Dass die Autorin zu Beginn die Dramatik nicht scheut, die schmerzvolle Ausweglosigkeit, die Ungewissheit der Suche, nun aber in diese Heiterkeit und (kunstvolle) Einfachheit findet, spricht für den Erfahrungshorizont und die Kraft der

Gedichte. Gerade die Gedichte des letzten Teils leben von einer sonderbaren Stimmigkeit und von einer ansteckenden Freude. Sie atmen die Gewissheit, dass dem urgründigen Heimweh Raum zu geben auch schon Ankunft bedeutet. Sie sprechen sie uns Lesenden zu, sie atmen sie uns zu.

Vom Wohnen im Geheimnis

Seit acht Uhr vierzig
wohne ich im Geheimnis
mit neuer Adresse.

Ich habe die Tür entdeckt,
die Tür geöffnet.

Im Geheimnis
ist der Tisch für mich gedeckt
mit Brot und Wein.
Wilde Tiere
liegen mir zu Füßen
und Liebe umsorgt mich.
Mein Blick durchs Fenster
führt ins Weite.

Seit acht Uhr vierzig
habe ich alle Umwege aufgegeben,
bin umgezogen
in die Gotteskammer
in mir.

Vom Wenden

In meiner Gotteskammer
wärmen Schirmlampen
und die Fußbodenheizung.

Leere und Stille summen.

In einem irdenen Krug
blühen Zweige.

Vor den bodentiefen Fenstern
schält sich Landschaft
aus der Nacht.

Ich trinke Grüntee
mit meinem Morgenmund.

In meinem Morgenherzen
fahren Deine Wägelchen,
Gott,
mit gewendetem Heu.

Von Behutsamkeit

Auf Dein Erbarmen,
Gott,
habe ich meine Hütten gebaut.

Hütten aus Vermögen.
Hütten aus Versagen.

Auf Zehenspitzen lauf ich umher,
Gott,
um Dein Erbarmen
nicht mit Füßen zu treten.

Vom Eigenwinkel

Im fließenden Buntlicht
des Seitenschiffes
im Eigenwinkel sitzen.

Ich höre das Knistern der Mäuse.

Ich spüre mein Kreuz,
Gott.

Wir schweigen.

Vom Verbeten

Wenn mir Worte fehlen
für das,
was in mir wildert,
was in mir schmerzt,
was in mir schreit,

wenn mir Worte fehlen
für mein Freudenhüpfen,
für meinen Ruhepuls,
für meinen Freiflug,

wenn mein Schweigen lodert
und mein Lodern schweigt,
kennst Du kein Verbeten,
Gott.

Du lauschst hinter meine Worte.
Du lauschst durch mein Schweigen
auf mich.

Vom Auferstehen

Aus meinem gerodeten Garten
ohne Schritte
ins ganz Andere schreiten,
in ein Sonnenaugenfeld
vielleicht,

mit meinem Selbstleib
voller Narben,
voller Blüten,
mit meinem Mandelherz,
mit meinen Herzsplittern.

Deine Wandelsicht,
Gott,
schält mich aus mir,
ergänzt mein Selbstsein
ewig
mit meinen Lebenslieben,
mit Deinem Liebes-Du.

Vom Gnadenschwimmen

In Deinem perlenden Meer,
Gott,
mit schüttelndem Schaum,

in Deinem ausgelassenen Wasser
aus funkelndem Licht,

in Deiner nassen Umhüllung,
in Deinem Liebesleben,
Gott,
schwimm ich nackt
in Deiner Gnade.

Petra Fietzek, geboren 1955, schreibt seit vielen Jahren Lyrik und Geschichten für Erwachsene, Kinder und Jugendliche. Ihre Bücher wurden in zahlreiche Sprachen übersetzt. Ferner arbeitet sie für den Rundfunk, hält Lesungen und leitet Schreibseminare. Sie lebt mit ihrer Familie in Coesfeld im Münsterland.

Peter Wild, geboren 1946, arbeitet als Erwachsenenbildner der Evangelisch-reformierten Landeskirche Zürich und leitet seit vielen Jahren Meditationskurse in der Schweiz, in Deutschland und Österreich. Der Theologe, Germanist und Religionswissenschaftler ist Autor zahlreicher Bücher über Meditation und Spiritualität. Er lebt mit seiner Partnerin in Wangen an der Aare (Schweiz).

Petra Fietzek
Es kommt ein Tag, da deine
Grenzen sich weiten
Gedichte
Mit einem Vorwort von
Elisabeth Moltmann-Wendel
104 Seiten, Hardcover
ISBN 978-3-7867-2615-9

Peter Wild
Finde die Stille
Spiritualität im Alltag
184 Seiten, Paperback
ISBN 978-3-7867-2672-2

Matthias-Grünewald-Verlag
der Schwabenverlag AG
www.gruenewaldverlag.de